Gigantic Adventures: Bilingual Spanish-English Stories for Kids

Artici Kids

Published by Artici Kids, 2024.

While every precaution has been taken in the preparation of this book, the publisher assumes no responsibility for errors or omissions, or for damages resulting from the use of the information contained herein.

GIGANTIC ADVENTURES: BILINGUAL SPANISH-ENGLISH STORIES FOR KIDS

First edition. June 1, 2024.

ISBN: 979-8227031815

Written by Artici Kids.

Table of Contents

La Princesa y los Susurros

EN EL CORAZÓN DE UN magnífico reino, donde los castillos brillaban bajo el sol y los jardines florecían con los colores del arco iris, vivía una princesa llamada Lily. La Princesa Lily no era como ninguna otra princesa en el reino, pues poseía un don mágico: la habilidad de hablar con los animales.

Desde el pájaro más pequeño hasta el león más poderoso, la Princesa Lily podía entender el lenguaje de cada criatura que deambulaba por la tierra. Pasaba sus días paseando por los jardines del palacio, rodeada de una colección de amigos peludos y emplumados, cada uno ansioso por compartir sus secretos con la bondadosa princesa.

Pero a pesar de su extraordinario don, la Princesa Lily se sentía sola a veces. Mientras que sus amigos animales le proporcionaban compañía interminable y risas, anhelaba un amigo humano que pudiera entenderla de la misma manera.

Un día, mientras la Princesa Lily estaba sentada bajo la sombra de un roble majestuoso, susurrando secretos a una familia de ardillas, escuchó un ruido en los arbustos cercanos. Curiosa, se asomó entre las hojas y vio a un joven con cabello castaño alborotado y brillantes ojos azules observándola con asombro.

"¡Hola!" dijo la Princesa Lily, con voz suave y gentil. "Soy la Princesa Lily. ¿Cómo te llamas?"

El chico parpadeó sorprendido. "Soy Jack," respondió, dando un paso cauteloso hacia adelante. "No quería asustarte. Nunca antes había visto a alguien hablar con animales."

La Princesa Lily sonrió cálidamente. "Está bien, Jack. Los animales son mis amigos más queridos. ¿Te gustaría unirte a nosotros?"

Los ojos de Jack se iluminaron de emoción. "¡Me encantaría!"

Y así, Jack pasó el día con la Princesa Lily, riendo y jugando con los animales en los jardines del palacio. Escuchó con asombro mientras la Princesa Lily charlaba con pájaros, conejos e incluso una sabia tortuga llamada Tobías, que les contaba historias de tierras lejanas y aventuras audaces.

Cuando el sol comenzó a ponerse, bañando los jardines con un resplandor dorado, la Princesa Lily se volvió hacia Jack con un destello en los ojos. "Jack, tengo un secreto que compartir contigo."

Jack se inclinó más cerca, su curiosidad aguijoneada. "¿Cuál es?"

La Princesa Lily tomó una respiración profunda y susurró: "Puedo hablar con los animales."

Los ojos de Jack se abrieron de par en par con asombro. "¡No puede ser! ¡Eso es increíble!"

La Princesa Lily asintió solemnemente. "Es verdad. Pero es un secreto que debo mantener oculto del resto del reino. No todos entenderían o aceptarían mi don."

Jack asintió comprensivamente. "Tu secreto está a salvo conmigo, Princesa Lily. Lo prometo."

Y así, la Princesa Lily y Jack forjaron un vínculo ese día, uno de amistad, confianza y secretos compartidos. Pasaron incontables horas explorando los jardines del palacio juntos, hablando con animales y soñando con las aventuras que les esperaban más allá de las paredes del reino.

Pero a medida que crecían, el secreto de la Princesa Lily se volvía más difícil de mantener. Rumores comenzaron a correr por todo el reino sobre una princesa que podía hablar con animales, y pronto, los susurros de su don mágico llegaron a oídos de la corte real.

Temiendo que el don de la Princesa Lily trajera vergüenza a la familia real, el rey y la reina le prohibieron hablar con los animales y la confinaron dentro de los muros del palacio. La Princesa Lily sintió su corazón romperse ante la idea de perder a sus amigos animales y a la única persona que realmente la entendía.

Pero Jack se negó a dejar que la Princesa Lily sufriera sola. Con la ayuda de la cocinera del palacio, una mujer de buen corazón llamada Sra. Maple, idearon un plan para ayudar a la Princesa Lily a escapar de los confines del palacio y reunirse con sus queridos amigos animales.

Bajo la oscuridad de la noche, la Princesa Lily y Jack salieron del palacio y se aventuraron en el bosque encantado que rodeaba el reino. Con la guía de la Sra. Maple, navegaron por senderos sinuosos y claros ocultos hasta llegar al corazón del bosque, un claro mágico donde animales de todas formas y tamaños se reunían para celebrar su amistad con la Princesa Lily.

Mientras la Princesa Lily abrazaba una vez más a sus amigos animales, lágrimas de alegría rodaban por sus mejillas. Sabía que no importaba qué pruebas le esperaran, siempre tendría su amor y apoyo.

Y así, la Princesa Lily y Jack hicieron un voto solemne esa noche: estar siempre uno al lado del otro, sin importar el costo. Juntos, desafiarían las probabilidades y protegerían el don de la Princesa Lily de aquellos que intentaban silenciarla.

Cuando la primera luz del amanecer se abrió paso entre los árboles, la Princesa Lily y Jack regresaron al palacio, con el corazón lleno de esperanza y determinación. Sabían que su viaje estaba lejos de terminar, pero con la fuerza de su amistad y el amor de sus amigos animales, estaban listos para enfrentar cualquier desafío que se les presentara.

The Princess and the Whispers

IN THE HEART OF A MAGNIFICENT kingdom, where castles gleamed in the sunlight and gardens bloomed with the colors of the rainbow, there lived a princess named Lily. Princess Lily was unlike any other princess in the realm, for she possessed a magical gift—the ability to talk to animals.

From the tiniest songbird to the mightiest lion, Princess Lily could understand the language of every creature that roamed the land. She spent her days wandering through the palace gardens, surrounded by a menagerie of furry and feathery friends, each one eager to share their secrets with the kind-hearted princess.

But despite her extraordinary gift, Princess Lily felt lonely at times. While her animal friends provided her with endless companionship and laughter, she longed for a human friend who could understand her in the same way.

One day, as Princess Lily sat beneath the shade of a towering oak tree, whispering secrets to a family of squirrels, she heard a rustling in the bushes nearby. Curious, she peeked through the leaves and saw a young boy with tousled brown hair and bright blue eyes watching her with wonder.

"Hello there," said Princess Lily, her voice soft and gentle. "I'm Princess Lily. What's your name?"

The boy blinked in surprise. "I'm Jack," he replied, taking a cautious step forward. "I didn't mean to startle you. I've just never seen anyone talk to animals before."

Princess Lily smiled warmly. "It's quite all right, Jack. Animals are my dearest friends. Would you like to join us?"

Jack's eyes lit up with excitement. "I'd love to!"

And so, Jack spent the day with Princess Lily, laughing and playing with the animals in the palace gardens. He listened in amazement as Princess Lily chatted with birds, rabbits, and even a wise old tortoise named Tobias, who regaled them with tales of far-off lands and daring adventures.

As the sun began to set, casting a golden glow over the gardens, Princess Lily turned to Jack with a twinkle in her eye. "Jack, I have a secret to share with you."

Jack leaned in closer, his curiosity piqued. "What is it?"

Princess Lily took a deep breath and whispered, "I can talk to animals."

Jack's eyes widened in astonishment. "No way! That's incredible!"

Princess Lily nodded solemnly. "It's true. But it's a secret that I must keep hidden from the rest of the kingdom. Not everyone would understand or accept my gift."

Jack nodded understandingly. "Your secret is safe with me, Princess Lily. I promise."

And so, Princess Lily and Jack forged a bond that day—one of friendship, trust, and shared secrets. They spent countless hours exploring the palace gardens together, talking to animals and dreaming of the adventures that awaited them beyond the kingdom walls.

But as they grew older, Princess Lily's secret became harder to keep. Rumors began to spread throughout the kingdom of a princess who could talk to animals, and soon, whispers of her magical gift reached the ears of the royal court.

Fearing that Princess Lily's gift would bring shame upon the royal family, the king and queen forbade her from speaking to animals and confined her to the palace walls. Princess Lily felt her heart break at the thought of losing her animal friends and the one person who had truly understood her.

But Jack refused to let Princess Lily suffer alone. With the help of the palace cook—a kind-hearted woman named Mrs. Maple—they devised a plan to help Princess Lily escape the confines of the palace and reunite with her beloved animal friends.

Under the cover of darkness, Princess Lily and Jack snuck out of the palace and ventured into the enchanted forest that surrounded the kingdom. With Mrs. Maple's guidance, they navigated through winding paths and hidden clearings until they reached the heart of the forest—a magical glade where animals of all shapes and sizes gathered to celebrate their friendship with Princess Lily.

As Princess Lily embraced her animal friends once more, tears of joy streamed down her cheeks. She knew that no matter what trials lay ahead, she would always have their love and support.

And so, Princess Lily and Jack made a solemn vow that night—to always stand by each other's side, no matter the cost. Together, they would defy the odds and protect Princess Lily's gift from those who sought to silence her.

As the first light of dawn broke through the trees, Princess Lily and Jack returned to the palace, their hearts full of hope and determination. They knew that their journey was far from over, but with the strength of their friendship and the love of their animal friends, they were ready to face whatever challenges lay ahead.

Destello el Dragón Amistoso

EN UNA TIERRA MUY, muy lejana, más allá de las colinas ondulantes y los arroyos centelleantes, vivía un dragón llamado Destello. Destello no era un dragón común. A diferencia de los dragones feroces y temibles de las leyendas, Destello era amigable, gentil y no le gustaba nada más que hacer nuevos amigos y divertirse.

Destello tenía escamas verdes brillantes que relucían a la luz del sol, y cuando reía—lo cual hacía a menudo—pequeñas chispas salían de su nariz, haciendo que todos a su alrededor se rieran con deleite. Vivía en una cueva acogedora en el borde del Bosque Encantado, un lugar lleno de criaturas mágicas y maravillas escondidas.

Una mañana soleada, mientras Destello practicaba su suave respiración de fuego (lo justo para tostar malvaviscos, pero no tanto como para iniciar un incendio forestal), escuchó un alboroto que venía del bosque. Curioso, aleteó sus alas y se elevó sobre los árboles para investigar.

En un pequeño claro, Destello vio a un grupo de animales reunidos alrededor de un joven que parecía muy perdido y muy asustado. El chico tenía el pelo castaño despeinado y unas grandes gafas redondas que se le resbalaban por la nariz.

"¡Hola!" llamó Destello mientras aterrizaba suavemente junto al chico. "Soy Destello. ¿Cómo te llamas?"

El chico miró hacia arriba, con los ojos muy abiertos al ver al dragón amistoso. "Soy Oliver," dijo, con la voz temblando un poco. "Me perdí mientras exploraba el bosque. ¿Puedes ayudarme a encontrar el camino a casa?"

Destello sonrió cálidamente. "Por supuesto, Oliver. Pero primero, asegurémonos de que no tengas demasiada hambre o sed. ¿Te gustaría acompañarme a tomar un refrigerio? Tengo muchos malvaviscos y agua fresca."

Oliver asintió agradecido, y juntos caminaron de regreso a la cueva de Destello. Los animales los siguieron, parloteando emocionados sobre su nuevo amigo humano. Dentro de la acogedora cueva, Destello encendió un pequeño fuego controlado y le entregó a Oliver un palo con un malvavisco en la punta.

"Sólo sostenlo sobre el fuego así," explicó Destello, demostrando. "¡No muy cerca, o se quemará!"

Mientras tostaban malvaviscos, Oliver le contó a Destello sobre sus aventuras en el bosque y cómo se había desviado del camino. Destello escuchó atentamente, asintiendo y ofreciendo de vez en cuando una sonrisa tranquilizadora.

Después de su refrigerio, Destello llevó a Oliver de regreso por el Bosque Encantado, usando su agudo sentido de la orientación para navegar por los senderos serpenteantes. En el camino, encontraron todo tipo de criaturas mágicas—ardillas parlantes, mariposas danzantes, e incluso una vieja lechuza sabia llamada Olivera que les ofreció algunos consejos prudentes.

"Recuerda, joven Oliver," dijo Olivera, "el bosque está lleno de maravillas, pero también puede ser engañoso. Mantente siempre en el camino y mantén tu ingenio."

Oliver agradeció a la lechuza y prometió ser más cuidadoso en el futuro. A medida que continuaban su viaje, Destello y Oliver se hicieron amigos rápidamente, riendo y compartiendo historias. Destello incluso enseñó a Oliver a entender algunos de los idiomas de los animales, para el deleite del chico.

Finalmente, llegaron al borde del bosque, donde el pueblo de Oliver estaba justo más allá de las colinas. Oliver se volvió hacia Destello, con los ojos brillando de gratitud.

"Gracias, Destello," dijo. "Nunca olvidaré tu amabilidad. ¿Podremos encontrarnos de nuevo algún día?"

Los ojos de Destello brillaron. "Por supuesto, Oliver. Puedes visitarme cuando quieras. Y recuerda, si alguna vez necesitas ayuda, sólo llama mi nombre y estaré allí."

Con un abrazo final, Oliver saludó y corrió colina abajo hacia su pueblo, ansioso por contarle a su familia y amigos sobre su increíble aventura con Destello el Dragón Amistoso.

Los días se convirtieron en semanas, y las semanas en meses. Oliver y Destello se mantuvieron en contacto, enviándose mensajes a través de las criaturas encantadas del bosque. Tuvieron muchas más aventuras juntos, explorando valles ocultos, descubriendo cuevas secretas e incluso ayudando a las criaturas mágicas a resolver varios problemas.

Un día, surgió un nuevo desafío que puso a prueba su amistad y valentía como nunca antes. Una nube oscura se había asentado sobre el Bosque Encantado, y los animales estaban asustados. Las criaturas mágicas susurraban acerca de una antigua maldición que había sido despertada, amenazando con convertir el vibrante bosque en un lugar de sombras y miedo.

Decididos a salvar su hogar, Destello y Oliver emprendieron una búsqueda para encontrar la fuente de la maldición y ponerle fin. Se adentraron en el corazón del bosque, donde los árboles crecían altos y retorcidos, y el aire estaba lleno de misterio.

Guiados por Olivera, la vieja lechuza sabia, y acompañados por un valiente grupo de amigos animales, enfrentaron muchos peligros y resolvieron muchos acertijos. Cruzaron un puente tambaleante custodiado por un troll gruñón, navegaron por un laberinto de espinas y engañaron a un duende travieso que intentó desviarlos.

Finalmente, llegaron al corazón de la nube oscura: un templo antiguo y desmoronado escondido en un claro sombrío. Dentro, encontraron un libro viejo y polvoriento lleno de hechizos antiguos y un cristal brillante que latía con energía oscura.

Oliver leyó cuidadosamente los hechizos, tratando de encontrar una manera de romper la maldición. Destello estaba de guardia, listo para proteger a su amigo de cualquier peligro. Con la ayuda de sus compañeros animales, descubrieron que la maldición solo podía romperse con una combinación de fuego de dragón y valor puro de corazón.

"Destello," dijo Oliver, mirando hacia arriba desde el libro, "necesitamos combinar tu fuego con mi creencia en la magia del bosque. ¿Estás listo?"

Destello asintió, sus ojos decididos. "Hagámoslo, Oliver."

Juntos, concentraron su energía en el cristal. Destello exhaló una corriente de fuego suave y mágico, mientras Oliver extendía las manos, canalizando toda su esperanza y amor por el bosque en el hechizo. El cristal comenzó a brillar más y más hasta que se rompió con un destello brillante de luz.

La nube oscura se disipó, y el Bosque Encantado se bañó una vez más en luz dorada. Los animales vitorearon, y las criaturas mágicas bailaron de alegría. ¡Destello y Oliver habían salvado el día!

Cuando regresaron al pueblo, héroes del bosque, Oliver se dio cuenta de algo importante. No fue solo el fuego de Destello o su propio coraje lo que había roto la maldición, fue su amistad y el vínculo que compartían con las criaturas mágicas del bosque.

Desde ese día, Oliver y Destello continuaron explorando juntos el Bosque Encantado, su amistad más fuerte que nunca. Sabían que mientras se mantuvieran uno al lado del otro, no había desafío que no pudieran superar.

Y así, querido lector, si alguna vez te encuentras en una tierra muy, muy lejana, más allá de las colinas ondulantes y los arroyos centelleantes, recuerda la historia de Destello el Dragón

Amistoso y su valiente amigo Oliver. Porque en su historia, encontrarás la magia de la amistad y el poder de creer en lo imposible.

14

Sparkle the Friendly Dragon

IN A LAND FAR, FAR away, beyond the rolling hills and sparkling streams, there lived a dragon named Sparkle. Sparkle was no ordinary dragon. Unlike the fierce and fearsome dragons of legend, Sparkle was friendly, gentle, and loved nothing more than making new friends and having fun.

Sparkle had bright green scales that shimmered in the sunlight, and when he laughed—which he did often—little sparks would fly out of his nose, making everyone around him giggle with delight. He lived in a cozy cave at the edge of the Enchanted Forest, a place filled with magical creatures and hidden wonders.

One sunny morning, as Sparkle was practicing his gentle fire-breathing (just enough to toast marshmallows but not enough to start a forest fire), he heard a commotion coming from the forest. Curious, he flapped his wings and soared above the trees to investigate.

In a small clearing, Sparkle saw a group of animals gathered around a young boy who looked very lost and very scared. The boy had tousled brown hair and big, round glasses that kept slipping down his nose.

"Hello there!" Sparkle called out as he landed gently beside the boy. "I'm Sparkle. What's your name?"

The boy looked up, his eyes widening at the sight of the friendly dragon. "I'm Oliver," he said, his voice trembling a little. "I got lost while exploring the forest. Can you help me find my way home?"

Sparkle smiled warmly. "Of course, Oliver! But first, let's make sure you're not too hungry or thirsty. Would you like to join me for a snack? I've got plenty of marshmallows and fresh water."

Oliver nodded gratefully, and together they walked back to Sparkle's cave. The animals followed, chattering excitedly about their new human friend. Inside the cozy cave, Sparkle started a small, controlled fire and handed Oliver a stick with a marshmallow on the end.

"Just hold it over the fire like this," Sparkle explained, demonstrating. "Not too close, or it'll burn!"

As they toasted marshmallows, Oliver told Sparkle about his adventures in the forest and how he had wandered off the path. Sparkle listened intently, nodding and occasionally offering a reassuring smile.

After their snack, Sparkle led Oliver back through the Enchanted Forest, using his keen sense of direction to navigate the winding paths. Along the way, they encountered all sorts of magical creatures—talking squirrels, dancing butterflies, and even a wise old owl named Olivera who offered them some sage advice.

"Remember, young Oliver," said Olivera, "the forest is full of wonders, but it can also be tricky. Always stay on the path and keep your wits about you."

Oliver thanked the owl and promised to be more careful in the future. As they continued their journey, Sparkle and Oliver became fast friends, laughing and sharing stories. Sparkle even taught Oliver how to understand some of the animals' languages, much to the boy's delight.

Finally, they reached the edge of the forest, where Oliver's village lay just beyond the hills. Oliver turned to Sparkle, his eyes shining with gratitude.

"Thank you, Sparkle," he said. "I'll never forget your kindness. Can we meet again someday?"

Sparkle's eyes twinkled. "Of course, Oliver! You're welcome to visit me anytime. And remember, if you ever need help, just call my name and I'll be there."

With a final hug, Oliver waved goodbye and ran down the hill to his village, eager to tell his family and friends about his amazing adventure with Sparkle the Friendly Dragon.

Days turned into weeks, and weeks into months. Oliver and Sparkle kept in touch, sending messages through the enchanted creatures of the forest. They had many more adventures together, exploring hidden valleys, discovering secret caves, and even helping the magical creatures solve various problems.

One day, a new challenge arose that tested their friendship and courage like never before. A dark cloud had settled over the

Enchanted Forest, and the animals were scared. The magical creatures whispered of an ancient curse that had been awakened, threatening to turn the vibrant forest into a place of shadows and fear.

Determined to save their home, Sparkle and Oliver set out on a quest to find the source of the curse and put an end to it. They journeyed deep into the heart of the forest, where the trees grew tall and twisted, and the air was thick with mystery.

Guided by Olivera the wise old owl and accompanied by a brave group of animal friends, they braved many perils and solved many riddles. They crossed a rickety bridge guarded by a grumpy troll, navigated a maze of thorns, and outsmarted a mischievous sprite who tried to lead them astray.

At last, they reached the heart of the dark cloud—a crumbling, ancient temple hidden in a shadowy glade. Inside, they found an old, dusty book filled with ancient spells and a glowing crystal that pulsed with dark energy.

Oliver carefully read the spells, trying to find a way to break the curse. Sparkle stood guard, ready to protect his friend from any danger. With the help of their animal companions, they discovered that the curse could only be broken by a combination of dragon fire and pure-hearted courage.

"Sparkle," Oliver said, looking up from the book, "we need to combine your fire with my belief in the magic of the forest. Are you ready?"

Sparkle nodded, his eyes determined. "Let's do this, Oliver."

Together, they focused their energy on the crystal. Sparkle breathed a stream of gentle, magical fire, while Oliver held his hands out, channeling all his hope and love for the forest into the spell. The crystal began to glow brighter and brighter until it shattered with a brilliant flash of light.

The dark cloud lifted, and the Enchanted Forest was bathed in golden sunlight once more. The animals cheered, and the magical creatures danced with joy. Sparkle and Oliver had saved the day!

As they returned to the village, heroes of the forest, Oliver realized something important. It wasn't just Sparkle's fire or his own courage that had broken the curse—it was their friendship and the bond they shared with the magical creatures of the forest.

From that day on, Oliver and Sparkle continued to explore the Enchanted Forest together, their friendship stronger than ever. They knew that as long as they stood by each other, there was no challenge they couldn't overcome.

And so, dear reader, if ever you find yourself in a land far, far away, beyond the rolling hills and sparkling streams, remember the tale of Sparkle the Friendly Dragon and his brave friend Oliver. For in their story, you'll find the magic of friendship and the power of believing in the impossible.

Bella la Mariposa Cantante

EN UN PRADO MÁGICO, escondido de la vista de los humanos, vivía una mariposa llamada Bella. Bella no era una mariposa común; tenía alas azules brillantes con patrones dorados que centelleaban a la luz del sol. Pero lo que hacía a Bella realmente especial era su voz. Bella podía cantar las melodías más encantadoras, y sus canciones traían alegría a todos los que las escuchaban.

Cada mañana, cuando los primeros rayos del sol besaban las flores, Bella se posaba en una margarita floreciente y comenzaba su día con una canción. Su dulce y melodiosa voz flotaba por el prado, despertando a las flores dormidas, animando a las abejas a empezar a zumbar y haciendo que los pájaros cantaran en armonía.

Las canciones de Bella eran famosas en el prado mágico. A todas las criaturas les encantaba escucharla cantar. Los conejos dejaban de saltar, los ciervos pausaban su pastoreo y hasta las ocupadas hormigas se tomaban un descanso para disfrutar de las hermosas melodías de Bella.

Una tarde soleada, mientras Bella cantaba una canción particularmente alegre sobre el sol y los arcoíris, notó algo inusual. Una niña estaba sentada en una roca al borde del prado, escuchando atentamente su canción. La niña tenía ojos brillantes y curiosos y una gran sonrisa en su rostro.

Bella se acercó volando a la niña, intrigada. "¡Hola! Soy Bella. ¿Cómo te llamas?" preguntó con su dulce y tintineante voz.

Los ojos de la niña se abrieron de sorpresa. "¡Puedes hablar!" exclamó. "Soy Lily. Escuché tu canto y seguí el sonido. Es lo más hermoso que he escuchado."

Bella se sonrojó (lo más que una mariposa puede sonrojarse) y aleteó felizmente sus alas. "Gracias, Lily. Me alegra mucho que hayas disfrutado mi canción. ¿Te gustaría escuchar más?"

Lily asintió con entusiasmo. "¡Oh, sí, por favor! Tus canciones son mágicas."

Y así, Bella y Lily se hicieron amigas rápidamente. Cada día, Lily visitaba el prado y Bella cantaba para ella. A Lily le encantaba escuchar las canciones de Bella y pronto comenzó a cantar junto con ella. Juntas, creaban las armonías más maravillosas, sus voces se mezclaban perfectamente con los sonidos de la naturaleza.

Pero no todos en el prado estaban contentos con el canto de Bella. Un viejo cuervo gruñón llamado Edgar, que vivía en un alto roble, encontraba el constante canto de Bella molesto. Él prefería el silencio y no apreciaba que lo despertaran cada mañana con las alegres canciones de Bella.

Un día, Edgar decidió que ya había tenido suficiente. "Necesito mi paz y tranquilidad," murmuró para sí mismo. "Ese canto de mariposa tiene que parar."

Así que, Edgar voló hacia Bella y Lily mientras practicaban una nueva canción. "Disculpen," graznó. "Pero a algunos de nosotros nos gusta un poco de paz y tranquilidad. ¿No pueden cantar en otro lugar?"

Bella miró a Edgar con ojos abiertos. "Oh, lo siento, Edgar. No quería molestarte. Pero cantar me hace feliz, y también trae alegría a otros."

Edgar resopló. "Bueno, a mí no me trae alegría. Encuentra otro lugar para cantar, o canta menos a menudo."

Bella sintió que su corazón se hundía. No quería molestar a nadie, pero cantar era parte de quién era. Al ver la expresión triste de Bella, Lily dio un paso adelante. "Tal vez podamos encontrar un compromiso. Bella, ¿qué tal si cantas a otra hora? O quizás podamos encontrar un lugar especial donde tu canto no moleste a Edgar."

Bella pensó por un momento y luego asintió. "Es una buena idea, Lily. Vamos a encontrar un lugar donde todos puedan estar felices."

Juntas, Bella y Lily exploraron el prado, buscando el lugar perfecto. Finalmente encontraron un hermoso claro escondido, rodeado de altos árboles. El claro estaba lleno de flores y tenía un pequeño arroyo que lo atravesaba, lo que lo convertía en el lugar perfecto para que las canciones de Bella resonaran.

Desde ese día, Bella cantaba en el claro cada mañana. Sus canciones llenaban el aire de alegría y traían paz al prado. Las demás criaturas se reunían para escucharla, y hasta Edgar descubrió que disfrutaba del sonido melodioso a la distancia.

Un día, mientras Bella cantaba con todo su corazón, una brisa llevó su canción lejos. Viajó por colinas y valles, hasta llegar a los oídos de la Reina Hada, que vivía en un magnífico palacio hecho de flores y gotas de rocío.

La Reina Hada quedó encantada con la voz de Bella y decidió visitar el prado para ver a la mariposa cantante por sí misma. Llegó en una ráfaga de destellos y alas, y las criaturas del prado se inclinaron en señal de respeto.

"Bella," dijo la Reina Hada con una voz tan dulce como la miel, "he escuchado tu hermoso canto desde mi palacio. Tu voz es verdaderamente mágica. Me gustaría invitarte a cantar en el Gran Baile de las Hadas esta noche."

Las alas de Bella aletearon de emoción. "¿Yo? ¿Cantar en el Gran Baile de las Hadas? ¡Sería un sueño hecho realidad!"

La Reina Hada sonrió y agitó su varita. "Entonces está decidido. Esta noche vendrás al palacio."

Esa noche, Bella y Lily se dirigieron al Palacio de las Hadas. Era el lugar más hermoso que Lily había visto, con flores que brillaban en la oscuridad y fuentes que centelleaban como diamantes.

Bella estaba un poco nerviosa cuando tomó su lugar en el gran escenario, pero Lily le apretó la mano para tranquilizarla. "Serás maravillosa, Bella. Canta desde tu corazón."

Tomando una profunda respiración, Bella comenzó a cantar. Su voz llenó el palacio, encantando a todos los que la escuchaban. Las hadas bailaban y giraban, las flores se balanceaban al compás de la música y las estrellas parecían brillar un poco más.

Cuando Bella terminó su canción, el palacio estalló en aplausos. La Reina Hada dio un paso adelante, sus ojos brillando de admiración. "Bella, tu canto ha traído tanta alegría a nuestros corazones. Como muestra de nuestra gratitud, me gustaría concederte un deseo."

Bella pensó por un momento y luego sonrió. "Deseo que mis canciones traigan felicidad a todos, en todas partes."

La Reina Hada agitó su varita, y una lluvia de destellos dorados cayó sobre Bella. "Tu deseo está concedido. A partir de ahora, tus canciones tendrán el poder de traer alegría y paz a todos los que las escuchen."

Bella y Lily regresaron al prado, sus corazones llenos de felicidad. Las canciones de Bella continuaron encantando a las criaturas del prado, y ahora incluso podían escuchar sus melodías más allá del prado, trayendo sonrisas a rostros cercanos y lejanos.

Y en cuanto a Edgar el cuervo, descubrió que en realidad le gustaba el canto de Bella. Le recordaba que incluso en el silencio, había belleza en la música y la amistad.

Así que, si alguna vez te encuentras paseando por un prado mágico, escucha con atención. Puede que escuches la dulce y melodiosa voz de Bella la Mariposa Cantante, trayendo alegría y paz a todos los que la escuchan.

Bella the Singing Butterfly

IN A MAGICAL MEADOW, hidden far from the eyes of humans, lived a butterfly named Bella. Bella was no ordinary butterfly; she had shimmering blue wings with golden patterns that sparkled in the sunlight. But what made Bella truly special was her voice. Bella could sing the most enchanting melodies, and her songs brought joy to everyone who heard them.

Every morning, as the first rays of sunshine kissed the flowers, Bella would perch on a blooming daisy and start her day with a song. Her sweet, melodious voice would float through the meadow, waking up the sleepy flowers, coaxing the bees to start their buzzing, and making the birds chirp along in harmony.

Bella's songs were famous in the magical meadow. All the creatures loved to listen to her sing. The rabbits would stop their hopping, the deer would pause their grazing, and even the busy ants would take a break to enjoy Bella's beautiful tunes.

One sunny afternoon, as Bella was singing a particularly joyful song about sunshine and rainbows, she noticed something unusual. A little girl was sitting on a rock at the edge of the meadow, listening intently to her song. The girl had bright, curious eyes and a big smile on her face.

Bella fluttered closer to the girl, intrigued. "Hello there! I'm Bella. What's your name?" she asked in her sweet, tinkling voice.

The girl's eyes widened in surprise. "You can talk!" she exclaimed. "I'm Lily. I heard your singing and followed the sound. It's the most beautiful thing I've ever heard."

Bella blushed (as much as a butterfly can blush) and fluttered her wings happily. "Thank you, Lily. I'm so glad you enjoyed my song. Would you like to hear more?"

Lily nodded eagerly. "Oh, yes, please! Your songs are magical."

And so, Bella and Lily became fast friends. Every day, Lily would visit the meadow, and Bella would sing for her. Lily loved to listen to Bella's songs, and soon she began to sing along. Together, they created the most wonderful harmonies, their voices blending perfectly with the sounds of nature.

But not everyone in the meadow was happy about Bella's singing. A grumpy old crow named Edgar, who lived in a tall oak tree, found Bella's constant singing annoying. He preferred the quiet and didn't appreciate being woken up by Bella's cheerful songs every morning.

One day, Edgar decided he had had enough. "I need my peace and quiet," he muttered to himself. "That butterfly's singing has to stop."

So, Edgar flew down to Bella and Lily as they were practicing a new song. "Excuse me," he croaked. "But some of us enjoy a bit of peace and quiet. Can't you sing somewhere else?"

Bella looked at Edgar with wide eyes. "Oh, I'm sorry, Edgar. I didn't mean to disturb you. But singing makes me happy, and it brings joy to others too."

Edgar huffed. "Well, it doesn't bring joy to me. Find somewhere else to sing, or sing less often."

Bella felt her heart sink. She didn't want to upset anyone, but singing was a part of who she was. Seeing Bella's sad expression, Lily stepped forward. "Maybe we can find a compromise. Bella, what if you sang at a different time? Or perhaps we could find a special spot where your singing won't disturb Edgar."

Bella thought for a moment and then nodded. "That's a good idea, Lily. Let's find a place where everyone can be happy."

Together, Bella and Lily explored the meadow, looking for the perfect spot. They finally found a beautiful, secluded glen surrounded by tall trees. The glen was filled with flowers and had a little stream running through it, making it the perfect place for Bella's songs to echo and resonate.

From that day on, Bella sang in the glen every morning. Her songs filled the air with joy and brought peace to the meadow. The other creatures would gather around to listen, and even Edgar found that he enjoyed the distant, melodious sound.

One day, as Bella was singing her heart out, a breeze carried her song far and wide. It traveled over hills and valleys, until it reached the ears of the Queen Fairy, who lived in a magnificent palace made of flowers and dewdrops.

The Queen Fairy was enchanted by Bella's voice and decided to visit the meadow to see the singing butterfly for herself. She arrived in a flurry of sparkles and wings, and the meadow creatures bowed in respect.

"Bella," said the Queen Fairy in a voice as sweet as honey, "I have heard your beautiful singing from my palace. Your voice is truly magical. I would like to invite you to sing at the Grand Fairy Ball tonight."

Bella's wings fluttered with excitement. "Me? Sing at the Grand Fairy Ball? That would be a dream come true!"

The Queen Fairy smiled and waved her wand. "Then it is settled. You shall come to the palace tonight."

That evening, Bella and Lily made their way to the Fairy Palace. It was the most beautiful place Lily had ever seen, with flowers that glowed in the dark and fountains that sparkled like diamonds.

Bella was a bit nervous as she took her place on the grand stage, but Lily squeezed her hand reassuringly. "You'll be wonderful, Bella. Just sing from your heart."

Taking a deep breath, Bella began to sing. Her voice filled the palace, enchanting everyone who heard it. The fairies danced and twirled, the flowers swayed in time with the music, and the stars seemed to shine a little brighter.

When Bella finished her song, the palace erupted in applause. The Queen Fairy stepped forward, her eyes shining with admiration. "Bella, your singing has brought so much joy to our hearts. As a token of our gratitude, I would like to grant you a wish."

Bella thought for a moment and then smiled. "I wish for my songs to bring happiness to everyone, everywhere."

The Queen Fairy waved her wand, and a shower of golden sparkles rained down on Bella. "Your wish is granted. From now on, your songs will have the power to bring joy and peace to all who hear them."

Bella and Lily returned to the meadow, their hearts full of happiness. Bella's songs continued to enchant the meadow creatures, and now they could even hear her melodies far beyond the meadow, bringing smiles to faces near and far.

And as for Edgar the crow, he discovered that he quite liked Bella's singing after all. It reminded him that even in the quiet, there was beauty in music and friendship.

So, if you ever find yourself wandering through a magical meadow, listen carefully. You might just hear the sweet, melodious voice of Bella the Singing Butterfly, bringing joy and peace to all who hear her.

Jorge el Gigante con los Pies Adoloridos

EN UN PUEBLO UBICADO al pie de las Montañas Nebulosas, vivía un gigante llamado Jorge. Jorge no era como los otros gigantes que vagaban por el mundo; era amable, bondadoso y siempre dispuesto a ayudar. Con un corazón tan grande como su enorme figura, Jorge era amado por todos en el pueblo.

Cada día, Jorge ayudaba a los aldeanos con sus tareas. Levantaba troncos pesados, cargaba enormes cestas de verduras e incluso ayudaba a construir casas. Pero había una cosa con la que Jorge luchaba: sus pies adoloridos.

Los pies de Jorge eran enormes, como te puedes imaginar, y le dolían terriblemente después de un largo día de ayudar a los aldeanos. Los aldeanos trataban de ayudar a Jorge lo mejor que podían, pero nada parecía funcionar. Le hicieron zapatos especiales, pero siempre eran demasiado apretados o demasiado sueltos. Incluso intentaron masajear sus pies con los mejores aceites, pero solo proporcionaba alivio temporal.

Una mañana soleada, mientras Jorge estaba sentado junto al río, remojando sus pies adoloridos en el agua fresca, una niña llamada Lily se le acercó. Lily era una niña brillante y curiosa, siempre ansiosa por encontrar soluciones a los problemas.

"¡Hola, Jorge!" saludó Lily alegremente. "¿Por qué pareces tan triste?"

Jorge suspiró, sus hombros se encogieron. "Oh, Lily, son estos pies adoloridos míos. Me duelen mucho y nada parece ayudar."

Lily pensó por un momento, con el rostro fruncido en concentración. "¿Has intentado hablar con la vieja y sabia lechuza en el Bosque Encantado? ¡Tal vez ella pueda ayudarte!"

El rostro de Jorge se iluminó con esperanza. "¿La vieja y sabia lechuza? No lo había pensado. ¡Gracias, Lily!"

Y así, Jorge emprendió un viaje hacia el Bosque Encantado, donde vivía la vieja y sabia lechuza. El bosque era un lugar mágico, lleno de arroyos centelleantes, árboles altos y flores que brillaban en la oscuridad.

Mientras Jorge avanzaba por el bosque, no podía dejar de maravillarse ante su belleza. Pero el viaje era largo y sus pies dolían más con cada paso. Justo cuando estaba a punto de rendirse, escuchó una voz suave.

"¿Quién va allí?" preguntó la voz.

Jorge miró hacia arriba y vio a la vieja y sabia lechuza posada en una rama, sus grandes ojos centelleando con sabiduría.

"Hola, vieja y sabia lechuza," la saludó Jorge. "Soy Jorge el Gigante y he venido a buscar tu ayuda. Mis pies están terriblemente adoloridos y nada de lo que hago parece mejorar."

La vieja y sabia lechuza inclinó la cabeza, pensativa. "Hmm, pies adoloridos, dices? Déjame ver."

Jorge levantó con cuidado sus enormes pies para que la vieja y sabia lechuza los examinara. Ella bajó volando y los inspeccionó de cerca.

"Ah, ya veo," dijo después de un rato. "Tus pies están adoloridos porque caminas descalzo sobre terreno áspero. Necesitas algo suave y calmante para protegerlos."

Los ojos de Jorge se abrieron de par en par. "Pero ya he intentado con zapatos, y nunca quedan bien."

La vieja y sabia lechuza asintió. "Los zapatos solos no ayudarán. Necesitas un remedio especial. Sígueme."

Jorge siguió a la vieja y sabia lechuza más adentro del bosque hasta que llegaron a un claro lleno de las plantas más inusuales que había visto. La vieja y sabia lechuza voló hacia una planta en particular con hojas grandes y esponjosas.

"Esta es la planta Pasos Suaves," explicó. "Sus hojas tienen propiedades mágicas que pueden calmar y sanar pies adoloridos. Toma algunas hojas y envuélvelas alrededor de tus pies cada noche antes de dormir."

Jorge recogió cuidadosamente algunas hojas de la planta Pasos Suaves, agradeciendo profusamente a la vieja y sabia lechuza. "Gracias, vieja y sabia lechuza. Espero que esto funcione."

La vieja y sabia lechuza sonrió. "Funcionará, Jorge. Recuerda, a veces los remedios más simples son los más efectivos."

Jorge regresó al pueblo, su corazón lleno de esperanza. Esa noche, envolvió sus pies en las hojas de Pasos Suaves y cayó en un sueño profundo y reparador. Cuando se despertó a la mañana siguiente, no podía creerlo: ¡sus pies se sentían mucho mejor!

En los días siguientes, Jorge continuó usando las hojas de Pasos Suaves, y sus pies sanaron por completo. Podía ayudar a los aldeanos incluso más que antes, y estaba más feliz que nunca.

Los aldeanos notaron el cambio en Jorge y le preguntaron qué había pasado. Jorge les contó sobre su viaje al Bosque Encantado y el remedio de la vieja y sabia lechuza. Los aldeanos quedaron asombrados y agradecidos, especialmente Lily, quien había sugerido la idea en primer lugar.

Para mostrar su gratitud, los aldeanos decidieron organizar un gran festín en honor a Jorge. Prepararon comida deliciosa, cantaron canciones y bailaron hasta tarde en la noche. Jorge era el invitado de honor y no podía dejar de sonreír.

Cuando la noche llegó a su fin, Lily se acercó a Jorge con una gran sonrisa. "Me alegra mucho que te sientas mejor, Jorge."

Jorge miró a la pequeña niña y sonrió cálidamente. "Gracias, Lily. No podría haberlo logrado sin ti."

Desde ese día, Jorge nunca volvió a tener problemas con sus pies. Continuó ayudando a los aldeanos con sus tareas y su corazón creció aún más con el amor y la gratitud que recibía.

Y así, el gigante con los pies adoloridos se convirtió en el gigante con los pies más felices del mundo, gracias a la amabilidad de una niña y la sabiduría de una vieja lechuza.

George the Giant with Sore Feet

IN A VILLAGE NESTLED at the foot of the Misty Mountains, lived a giant named George. George was not like the other giants who roamed the world; he was gentle, kind, and always willing to help. With a heart as big as his enormous frame, George was loved by everyone in the village.

Every day, George would help the villagers with their chores. He would lift heavy logs, carry enormous baskets of vegetables, and even help build houses. But there was one thing that George struggled with – his sore feet.

George's feet were huge, as you might imagine, and they ached terribly after a long day of helping the villagers. The villagers tried their best to help George, but nothing seemed to work. They made him special shoes, but they were either too tight or too loose. They even tried massaging his feet with the finest oils, but it only provided temporary relief.

One sunny morning, as George was sitting by the river, soaking his sore feet in the cool water, a little girl named Lily approached him. Lily was a bright and curious child, always eager to find solutions to problems.

"Hello, George!" Lily called out cheerfully. "Why do you look so sad?"

George sighed, his shoulders drooping. "Oh, Lily, it's these sore feet of mine. They hurt so much, and nothing seems to help."

Lily thought for a moment, her face scrunched up in concentration. "Have you tried talking to the wise old owl in the Enchanted Forest? Maybe she can help!"

George's face lit up with hope. "The wise old owl? I haven't thought of that. Thank you, Lily!"

And so, George set off on a journey to the Enchanted Forest, where the wise old owl lived. The forest was a magical place, filled with sparkling streams, towering trees, and flowers that glowed in the dark.

As George made his way through the forest, he couldn't help but marvel at its beauty. But the journey was long, and his feet ached more with every step. Just as he was about to give up, he heard a gentle voice.

"Who goes there?" the voice asked.

George looked up to see the wise old owl perched on a branch, her large eyes twinkling with wisdom.

"Hello, wise old owl," George greeted her. "I am George the Giant, and I have come to seek your help. My feet are terribly sore, and nothing I do seems to make them feel better."

The wise old owl tilted her head, deep in thought. "Hmm, sore feet, you say? Let me see."

George carefully lifted his enormous feet for the wise old owl to examine. She fluttered down and inspected them closely.

"Ah, I see," she said after a while. "Your feet are sore because you walk barefoot on rough ground. You need something soft and soothing to protect them."

George's eyes widened. "But I've tried shoes, and they never fit right."

The wise old owl nodded. "Shoes alone won't help. You need a special remedy. Follow me."

George followed the wise old owl deeper into the forest until they reached a clearing filled with the most unusual plants he had ever seen. The wise old owl flew down to a particular plant with large, fluffy leaves.

"This is the Softstep plant," she explained. "Its leaves have magical properties that can soothe and heal sore feet. Take some leaves and wrap them around your feet every night before you sleep."

George carefully gathered some leaves from the Softstep plant, thanking the wise old owl profusely. "Thank you, wise old owl. I hope this works."

The wise old owl smiled. "It will, George. Remember, sometimes the simplest remedies are the most effective."

George returned to the village, his heart filled with hope. That night, he wrapped his feet in the Softstep leaves and fell into a deep, restful sleep. When he woke up the next morning, he couldn't believe it – his feet felt much better!

Over the next few days, George continued to use the Softstep leaves, and his feet healed completely. He was able to help the villagers even more than before, and he was happier than ever.

The villagers noticed the change in George and asked him what had happened. George told them about his journey to the Enchanted Forest and the wise old owl's remedy. The villagers were amazed and grateful, especially Lily, who had suggested the idea in the first place.

To show their gratitude, the villagers decided to hold a grand feast in George's honor. They prepared delicious food, sang songs, and danced late into the night. George was the guest of honor, and he couldn't stop smiling.

As the night came to an end, Lily approached George with a big smile. "I'm so glad you're feeling better, George."

George looked down at the little girl and smiled warmly. "Thank you, Lily. I couldn't have done it without you."

From that day on, George never had trouble with his feet again. He continued to help the villagers with their chores, and his heart grew even bigger with the love and gratitude he received.

And so, the giant with the sore feet became the giant with the happiest feet in the world, thanks to the kindness of a little girl and the wisdom of an old owl.

Marina y el Arrecife de Coral Mágico

HABÍA UNA VEZ, EN LA parte más profunda y azul del océano, una sirena llamada Marina. Marina no era como otras sirenas. Mientras que la mayoría de las sirenas pasaban sus días cantando y peinándose el cabello con conchas, a Marina le encantaba explorar. Tenía un corazón curioso y un espíritu aventurero, siempre buscando el próximo misterio por descubrir.

Un día soleado, mientras los rayos del sol danzaban en la superficie del agua, Marina decidió nadar más lejos de lo que jamás había nadado. Se despidió de su mejor amigo, Finn el delfín, y se lanzó a lo desconocido. El agua a su alrededor se volvió más oscura, y pronto se encontró en una parte del océano que nunca había visto.

De repente, Marina vio un destello de luz adelante. Intrigada, nadó más cerca y descubrió la vista más impresionante que jamás había visto. Era un arrecife de coral mágico, brillante con colores tan vívidos que parecían de otro mundo. Los corales tenían forma de torres y castillos, y peces de todos los colores y tamaños nadaban a través de ellos, creando una vibrante ciudad submarina.

Mientras Marina exploraba el arrecife, conoció a una vieja tortuga sabia llamada Tiberio. "Bienvenida al Reino del Coral," dijo Tiberio con una voz lenta y profunda. "Pocas sirenas encuentran el camino hasta aquí. ¿Qué te trae tan lejos de casa?"

"Soy Marina, y me encanta explorar," respondió ella, con los ojos llenos de asombro. "¡Este lugar es increíble! ¿Es realmente un reino?"

"En efecto lo es," asintió Tiberio. "Pero es un reino secreto, protegido por magia. Solo aquellos con corazones puros y un sentido de aventura pueden encontrarlo."

El corazón de Marina se hinchó de emoción. "¿Qué hace este lugar tan mágico?" preguntó.

"Los corales aquí están encantados," explicó Tiberio. "Brillan con la magia del océano. Pueden conceder deseos, curar a los enfermos e incluso traer felicidad a los que están tristes."

Los ojos de Marina brillaban. "¿Podrían concederme un deseo a mí?"

"Quizás," dijo Tiberio pensativamente. "Pero los deseos del Reino del Coral deben usarse sabiamente. ¿Qué es lo que deseas, joven sirena?"

Marina pensó por un momento. Recordó a su amigo Finn y cómo siempre soñaron con visitar lugares lejanos juntos. "Deseo que Finn pueda unirse a mis aventuras, incluso en lugares donde los delfines no pueden ir."

Tiberio sonrió con sabiduría. "Un deseo amable y desinteresado. Muy bien, sígueme."

Marina siguió a Tiberio hasta el corazón del arrecife, donde el coral más hermoso de todos se erguía alto. Brillaba con una variedad de colores, cada uno más brillante que el anterior. "Coloca tu mano en el coral y expresa tu deseo," instruyó Tiberio.

Marina hizo lo que le dijeron, con el corazón latiendo con anticipación. "Deseo que Finn pueda unirse a todas mis aventuras," dijo claramente.

El coral brilló aún más, y una luz cálida y mágica envolvió a Marina. Sintió una sensación de cosquilleo y supo que algo maravilloso estaba ocurriendo. Cuando la luz se desvaneció, Tiberio asintió. "Tu deseo ha sido concedido. Ahora, regresa a casa y ve la magia desplegarse."

Marina agradeció a Tiberio y nadó de regreso a su parte del océano lo más rápido que pudo. Cuando llegó, encontró a Finn esperándola, pero algo era diferente. Finn brillaba con la misma luz mágica que había rodeado a Marina en el arrecife.

"¡Finn!" exclamó Marina. "¡Mírate!"

Finn giró en el agua, con las aletas brillando. "Marina, ¡me siento increíble! ¿Qué pasó?"

Marina le explicó todo sobre el arrecife de coral mágico y su deseo. Finn estaba encantado. "¿Esto significa que ahora puedo ir a cualquier lugar contigo?"

"Sí," dijo Marina, abrazando a su amigo. "¡Podemos explorar todos los rincones del océano juntos!"

Y así, Marina y Finn emprendieron innumerables aventuras. Descubrieron cuevas escondidas llenas de tesoros, nadaron con amigables dragones marinos, e incluso ayudaron a marineros perdidos a encontrar su camino a casa. La magia del Reino del Coral hizo su vínculo más fuerte y sus aventuras más increíbles de lo que jamás habían imaginado.

La historia de Marina y Finn se extendió por todo el océano, inspirando a otras sirenas y criaturas marinas a seguir sus sueños y explorar lo desconocido. Y de vez en cuando, Marina y Finn regresaban al arrecife de coral mágico para agradecer a Tiberio y a los corales encantados por hacer realidad sus sueños.

En la parte más profunda y azul del océano, donde la magia y la aventura abundan, la historia de Marina y Finn perdura, recordándole a todos que con un corazón puro y un sentido de asombro, todo es posible. Y así, Marina y Finn siguieron explorando juntos, llenando el océano con risas, amistad y magia.

Marina and the Magical Coral Reef

ONCE UPON A TIME, IN the deepest, bluest part of the ocean, there lived a mermaid named Marina. Marina wasn't like other mermaids. While most mermaids spent their days singing and combing their hair with shells, Marina loved to explore. She had a curious heart and an adventurous spirit, always looking for the next mystery to uncover.

One sunny day, as the rays of the sun danced on the surface of the water, Marina decided to swim farther than she had ever swum before. She waved goodbye to her best friend, Finn the dolphin, and darted off into the unknown. The water around her grew darker, and soon she found herself in a part of the ocean she had never seen.

Suddenly, Marina spotted a glimmering light ahead. Intrigued, she swam closer and discovered the most breathtaking sight she had ever seen. It was a magical coral reef, sparkling with colors so vivid they seemed to be from another world. The corals were shaped like towers and castles, and fish of every color and size swam through them, creating a vibrant underwater city.

As Marina explored the reef, she met a wise old turtle named Tiberius. "Welcome to the Coral Kingdom," Tiberius said with a slow, deep voice. "Few mermaids ever find their way here. What brings you so far from home?"

"I'm Marina, and I love exploring," she replied, her eyes wide with wonder. "This place is amazing! Is it really a kingdom?"

"Indeed it is," Tiberius nodded. "But it's a secret kingdom, protected by magic. Only those with pure hearts and a sense of adventure can find it."

Marina's heart swelled with excitement. "What makes this place so magical?" she asked.

"The corals here are enchanted," Tiberius explained. "They glow with the magic of the ocean. They can grant wishes, heal the sick, and even bring happiness to those who are sad."

Marina's eyes sparkled. "Could they grant a wish for me?"

"Perhaps," Tiberius said thoughtfully. "But wishes from the Coral Kingdom must be used wisely. What is it that you wish for, young mermaid?"

Marina thought for a moment. She remembered her friend Finn and how they always dreamed of visiting far-off places together. "I wish for Finn to be able to join me on my adventures, even to places where dolphins can't go."

Tiberius smiled a knowing smile. "A kind and selfless wish. Very well, follow me."

Marina followed Tiberius to the heart of the reef, where the most beautiful coral of all stood tall. It shimmered with an array of colors, each one more brilliant than the last. "Place your hand on the coral and speak your wish," Tiberius instructed.

Marina did as she was told, her heart pounding with anticipation. "I wish for Finn to be able to join me on all my adventures," she said clearly.

The coral glowed even brighter, and a warm, magical light enveloped Marina. She felt a tingling sensation and knew something wonderful was happening. When the light faded, Tiberius nodded. "Your wish has been granted. Now, return home and see the magic unfold."

Marina thanked Tiberius and swam back to her part of the ocean as fast as she could. When she arrived, she found Finn waiting for her, but something was different. Finn was glowing with the same magical light that had surrounded Marina at the reef.

"Finn!" Marina exclaimed. "Look at you!"

Finn twirled in the water, his fins sparkling. "Marina, I feel amazing! What happened?"

Marina explained everything about the magical coral reef and her wish. Finn was overjoyed. "Does this mean I can go anywhere with you now?"

"Yes," Marina said, hugging her friend. "We can explore every corner of the ocean together!"

And so, Marina and Finn set off on countless adventures. They discovered hidden caves filled with treasure, swam with friendly sea dragons, and even helped lost sailors find their way home. The magic of the Coral Kingdom made their bond stronger and their adventures more incredible than they had ever imagined.

Marina and Finn's story spread throughout the ocean, inspiring other mermaids and sea creatures to follow their dreams and explore the unknown. And every now and then, Marina and Finn would return to the magical coral reef to thank Tiberius and the enchanted corals for making their dreams come true.

In the deepest, bluest part of the ocean, where magic and adventure abound, Marina and Finn's story lives on, reminding everyone that with a pure heart and a sense of wonder, anything is possible.

El Prado Encantado

EN EL CORAZÓN DE UN exuberante prado verde, donde las flores danzaban con la brisa y la luz del sol se filtraba entre los árboles, vivía una criatura mágica llamada Destello el Unicornio. Destello no era un unicornio común. Mientras que la mayoría de los unicornios pasaban sus días trotando por los campos y pastando en la hierba de colores arcoíris, Destello tenía un destello travieso en sus ojos y un don para la aventura.

Una brillante y soleada mañana, mientras Destello jugaba entre las flores silvestres, vio algo brillante a lo lejos. Intrigada, galopó para investigar y descubrió una cueva misteriosa escondida debajo de un alto roble. Sin dudarlo, Destello entró trotando, sus cascos resonando contra las frescas paredes de piedra.

Mientras se adentraba más en la cueva, los sentidos agudos de Destello vibraban de emoción. Podía sentir la magia pulsando en el aire, revoloteando a su alrededor como una suave brisa. Y luego, en el corazón de la cueva, lo encontró: un magnífico cristal, resplandeciendo con una luz sobrenatural.

"¡Guau!" exclamó Destello, con los ojos muy abiertos de asombro. "¡Qué descubrimiento tan deslumbrante!"

Pero cuando extendió la pata para tocar el cristal, una voz resonó por la cueva, enviando escalofríos por su columna. "¿Quién se atreve a perturbar el cristal encantado?" retumbó.

Destello se quedó paralizado en su lugar, con el corazón acelerado. "Y-yo soy Destello el Unicornio," tartamudeó. "No pretendía intrusión. Solo estaba curioseando."

La voz rió suavemente. "La curiosidad es algo poderoso, pequeño. Pero la magia de este cristal no debe ser tomada a la ligera. Contiene la clave de maravillas incontables y secretos más allá de tus sueños más salvajes."

Los ojos de Destello brillaron de emoción. "¿Secretos? ¿Maravillas? ¡Cuéntame más!"

Y así, la voz reveló la leyenda del Prado Encantado, un reino de magia y maravilla oculto a los ojos de los mortales. Habló de unicornios y hadas, dragones y sirenas, todos viviendo en armonía bajo la mirada vigilante del cristal místico.

"Pero ten cuidado, joven Destello," advirtió la voz. "El Prado Encantado no está libre de peligros. Solo aquellos puros de corazón y valientes de espíritu pueden entrar en sus sagrados terrenos."

Destello asintió con entusiasmo, su determinación brillando como un faro. "Lo entiendo. Haré lo que sea necesario para demostrar que soy digno."

Con un zumbido suave, el cristal comenzó a brillar más fuerte, llenando la cueva con su luz radiante. Y entonces, en una deslumbrante exhibición de magia, otorgó a Destello un regalo: un cuerno dorado, resplandeciente con un poder inmenso.

"Toma este cuerno, Destello," dijo la voz. "Con él, desbloquearás los secretos del Prado Encantado y emprenderás un viaje como ningún otro. Pero recuerda, la verdadera magia no reside en el cuerno, sino en la bondad de tu corazón."

Lleno de coraje y determinación recién descubiertos, Destello salió de la cueva y contempló el prado con ojos frescos. Sabía que su destino la esperaba en el Prado Encantado, y estaba lista para abrazarlo con todo su corazón.

Y así, con un sacudimiento de su melena y un giro de su cuerno dorado, Destello partió en su gran aventura, dejando atrás las comodidades familiares de su hogar en el prado en busca de las maravillas que le esperaban en el reino místico más allá.

A medida que Destello se adentraba más en el bosque encantado, encontraba todo tipo de criaturas mágicas: espíritus amigables, sabios búhos ancianos e incluso una familia juguetona de hadas traviesas. Cada encuentro la llenaba de alegría y asombro, y sabía que estaba en el camino correcto.

Pero el Prado Encantado no estaba libre de desafíos. En el camino, Destello enfrentó fieras tormentas, montañas traicioneras y oscuros y sombríos bosques llenos de acechantes sombras. Sin embargo, a través de todo eso, permaneció firme en su resolución, sacando fuerzas de la magia de su cuerno dorado y la bondad de su corazón.

Finalmente, después de muchos días de viaje, Destello llegó al corazón del Prado Encantado: un valle impresionante rodeado de montañas imponentes y cascadas cascadas. Era más hermoso que cualquier cosa que hubiera imaginado, y sabía que había encontrado su nuevo hogar.

Mientras Destello exploraba el valle, descubrió una arboleda escondida llena de piscinas resplandecientes y delicadas flores. Era un lugar de paz y tranquilidad, donde la magia del Prado Encantado parecía zumbar con vida a su alrededor.

Y allí, en el centro de la arboleda, Destello encontró la fuente de la magia: un majestuoso unicornio llamado Celestia, la guardiana del Prado Encantado.

"¡Bienvenida, Destello!" dijo Celestia, su voz suave como una brisa de verano. "Te he estado esperando."

Destello inclinó la cabeza respetuosamente. "Gracias, Celestia. Es un honor estar aquí."

Celestia sonrió cálidamente. "Te has demostrado digna del Prado Encantado, Destello. Con tu coraje y bondad, traerás luz y alegría a este reino mágico durante muchos años."

Y así, Destello el Unicornio abrazó su nuevo papel como guardiana del Prado Encantado, usando su cuerno dorado para difundir amor y felicidad dondequiera que fuera. Y aunque sus aventuras estaban lejos de terminar, sabía que mientras permaneciera fiel a sí misma y a la magia dentro de su corazón, siempre encontraría su camino a casa.

Mientras el sol se ponía sobre el Prado Encantado, arrojando sus rayos dorados sobre el valle, Destello cerró los ojos y sonrió, sabiendo que estaba exactamente donde debía estar.

Y así, querido lector, si alguna vez te encuentras vagando por un exuberante prado verde, con flores bailando con la brisa y la luz del sol filtrándose entre los árboles, recuerda la historia de Destello el Unicornio y el Prado Encantado, y sabrás que la magia realmente existe para aquellos que creen.

The Enchanted Meadow

IN THE HEART OF A LUSH, green meadow, where flowers danced in the breeze and sunlight dappled through the trees, there lived a magical creature named Sparkle the Unicorn. Sparkle wasn't your ordinary unicorn. While most unicorns spent their days prancing through fields and grazing on rainbow-hued grass, Sparkle had a mischievous twinkle in her eye and a flair for adventure.

One bright and sunny morning, as Sparkle frolicked among the wildflowers, she spotted something glimmering in the distance. Intrigued, she bounded over to investigate and discovered a mysterious cave hidden beneath a towering oak tree. Without hesitation, Sparkle trotted inside, her hooves echoing against the cool stone walls.

As she ventured deeper into the cave, Sparkle's keen senses tingled with excitement. She could feel the magic pulsating in the air, swirling around her like a gentle breeze. And then, at the heart of the cave, she found it—a magnificent crystal, glowing with an otherworldly light.

"Wow!" exclaimed Sparkle, her eyes wide with wonder. "What a dazzling discovery!"

But as she reached out to touch the crystal, a voice echoed through the cave, sending shivers down her spine. "Who dares disturb the enchanted crystal?" it boomed.

Sparkle froze in place, her heart racing. "I-I'm Sparkle the Unicorn," she stammered. "I didn't mean to intrude. I was just curious."

The voice chuckled softly. "Curiosity is a powerful thing, little one. But the magic of this crystal is not to be trifled with. It holds the key to untold wonders and secrets beyond your wildest dreams."

Sparkle's eyes sparkled with excitement. "Secrets? Wonders? Tell me more!"

And so, the voice revealed the legend of the Enchanted Meadow—a realm of magic and wonder hidden from the eyes of mortals. It spoke of unicorns and fairies, dragons and mermaids, all living in harmony beneath the watchful gaze of the mystical crystal.

"But beware, young Sparkle," warned the voice. "The Enchanted Meadow is not without its dangers. Only those pure of heart and brave of spirit may enter its hallowed grounds."

Sparkle nodded eagerly, her determination shining like a beacon. "I understand. I will do whatever it takes to prove myself worthy."

With a gentle hum, the crystal began to glow brighter, filling the cave with its radiant light. And then, in a dazzling display of magic, it bestowed upon Sparkle a gift—a golden horn, shimmering with untold power.

"Take this horn, Sparkle," said the voice. "With it, you will unlock the secrets of the Enchanted Meadow and embark on a journey unlike any other. But remember, true magic lies not in the horn, but in the goodness of your heart."

Filled with newfound courage and determination, Sparkle emerged from the cave and gazed out at the meadow with fresh eyes. She knew that her destiny awaited her in the Enchanted Meadow, and she was ready to embrace it with all her heart.

And so, with a toss of her mane and a flick of her golden horn, Sparkle set off on her grand adventure, leaving behind the familiar comforts of her meadow home in search of the wonders that awaited her in the mystical realm beyond.

As Sparkle journeyed deeper into the enchanted forest, she encountered all manner of magical creatures—friendly sprites, wise old owls, and even a playful family of mischievous fairies. Each encounter filled her with joy and wonder, and she knew that she was on the right path.

But the Enchanted Meadow was not without its challenges. Along the way, Sparkle faced fierce storms, treacherous mountains, and dark, foreboding forests filled with lurking shadows. Yet through it all, she remained steadfast in her resolve, drawing strength from the magic of her golden horn and the goodness of her heart.

Finally, after many days of travel, Sparkle arrived at the heart of the Enchanted Meadow—a breathtaking valley surrounded by towering mountains and cascading waterfalls. It was more beautiful than anything she had ever imagined, and she knew that she had found her new home.

As Sparkle explored the valley, she discovered a hidden glade filled with shimmering pools and delicate flowers. It was a place of peace and tranquility, where the magic of the Enchanted Meadow seemed to hum with life all around her.

And there, in the center of the glade, Sparkle found the source of the magic—a majestic unicorn named Celestia, the guardian of the Enchanted Meadow.

"Welcome, Sparkle," said Celestia, her voice as soft as a summer breeze. "I have been expecting you."

Sparkle bowed her head respectfully. "Thank you, Celestia. I am honored to be here."

Celestia smiled warmly. "You have proven yourself worthy of the Enchanted Meadow, Sparkle. With your courage and kindness, you will bring light and joy to this magical realm for years to come."

And so, Sparkle the Unicorn embraced her new role as guardian of the Enchanted Meadow, using her golden horn to spread love and happiness wherever she went. And though her adventures were far from over, she knew that as long as she remained true to herself and the magic within her heart, she would always find her way home.

As the sun set over the Enchanted Meadow, casting its golden rays across the valley, Sparkle closed her eyes and smiled, knowing that she was exactly where she was meant to be.

And so, dear reader, if ever you find yourself wandering through a lush, green meadow, with flowers dancing in the breeze and sunlight dappling through the trees, remember the tale of Sparkle the Unicorn and the Enchanted Meadow, and know that magic truly does exist for those who believe.